Inhalt

Branchenreport MASCHINEN- UND ANLAGENBAU Ausgabe 1/2011

Kernthesen

Beitrag

Zahlen und Fakten

Weiterführende Literatur

Impressum

GENIOS BranchenWissen Nr. 05/2011 vom 04.05.2011

Branchenreport MASCHINEN- UND ANLAGENBAU Ausgabe 1/2011

Robert Reuter

Kernthesen

- Der Deutsche Maschinen- und Anlagenbau ist bereits im letzten Jahr auf einen Erholungskurs eingeschwenkt.
- In diesem Jahr soll sich das Wachstum noch weiter beschleunigen.
- Manche Teilbranchen stehen schon wieder so gut da wie vor der Finanzkrise, bei anderen dauert die Erholung länger.
- Seit zwei Jahren ist China der wichtigste Auslandsmarkt der deutschen Hersteller. Der Vorsprung gegenüber anderen

Abnehmerländern wächst rasant.
- Auch die von der Finanzkrise ebenfalls stark gebeutelte Stahl- und metallverarbeitende Industrie zeigt sich in guter Verfassung.

Beitrag

Der deutsche Maschinen- und Anlagenbau

Der deutsche Maschinen- und Anlagenbau setzt 2011 den im vergangenen Jahr begonnenen Erholungskurs fort. Die sehr gute konjunkturelle Situation in Deutschland hat dabei dazu geführt, dass schon 2010 ein größerer Teil der durch die Finanzkrise erlittenen Rückgänge wieder aufgeholt werden konnte. So stieg die Maschinenproduktion im vergangenen Jahr um 8,8 Prozent. Damit wurde die Produktionsprognose von sechs Prozent, die der Verband Deutscher Maschinen- und Anlagenbau (VDMA) im September ausgegeben hatte, deutlich übertroffen.

Noch eindrucksvoller dokumentiert sich der Aufschwung im Auftragseingang. Alleine im Dezember 2010 konnten die Unternehmen ein Auftragsplus von real 36 Prozent verzeichnen. Dabei stiegen die inländischen Orders um 38 Prozent, während die Auslandsnachfrage um 46 Prozent zulegte. Auch im Gesamtjahr 2010 haben die Maschinenbestellungen um real 36 Prozent zugelegt.

Der VDMA spricht bereits von einer beispiellosen Aufholjagd - die sich auch auf die Branchenumsätze niederschlägt. Diese betrugen 2009 161,1 Milliarden Euro und wuchsen 2010 auf 174 Milliarden Euro an. Auch die Kapazitätsauslastung, die in den Rekordjahren vor der Finanzkrise zuweilen 90 Prozent erreichte, nähert sich wieder den früheren Bestmarken an. 2010 lag sie bei durchschnittlich 79,8 Prozent, nach 72,5 Prozent im Jahr davor.

Deutliche Unterschiede bei der Produktionsentwicklung fördert jedoch eine Einzelbetrachtung der vielzähligen Teilbranchen des Maschinenbaus zu Tage. So sind die Hersteller von Bau- und Baustoffmaschinen sowie Druckmaschinen erst auf einen zaghaften Erholungskurs eingeschwenkt. Beide Teilbranchen sind von den Rekordwerten der Jahre 2006 bis 2008 darum noch weit entfernt. Andere Teilbranchen wie Hütten- und Walzwerkseinrichtungen, Power Systems, Elektrische Automation und Bergbaumaschinen hingegen haben die früheren Topmarken bereits wieder erreicht und zum Teil sogar übertroffen. (1), (2), (3), [Abb. 1]

Fachkräfte dringend gesucht

In den Hochzeiten vor der Finanzkrise arbeiteten 975 000 Menschen im Maschinen- und Anlagenbau. Insbesondere durch Kurzarbeit konnte verhindert werden, dass es großflächig zu Entlassungen kam. Trotzdem sank die Zahl der Beschäftigten auf zeitweise 905 000 im Jahr 2010. Schon im Dezember stellten die Unternehmen jedoch wieder ein, so dass zum Jahresende 912 000 Menschen im Maschinenbau Arbeit fanden. Für 2011 ist der VDMA bei der Beschäftigungsentwicklung optimistisch. Gerechnet wird mit 20 000 neuen Arbeitsplätzen, womit noch in diesem Jahr wieder eine Gesamtbelegschaft von 932 000 Beschäftigten erreicht würde. (4)

Unternehmen im Markt

Der deutsche Maschinen- und Anlagenbau ist stark mittelständisch geprägt. Mit Abstand größtes Unternehmen im Markt ist ThyssenKrupp mit einem Umsatz von 43 Milliarden Euro und weltweit 177 000 Mitarbeiter. Einer der größten Familienkonzerne Europas ist der Maschinenbauer Voith mit einem Umsatz von 5,2 Milliarden Euro und rund 40 000 Mitarbeitern. Der größte Spezialmaschinenbauer Deutschlands ist die Gea Group mit 4,4 Milliarden Euro Umsatz und 20 400 Mitarbeitern. Als größter Anlagenbauer gilt die Linde AG mit einem Umsatz in der Engineering-Divison von 2,46 Milliarden Euro.

Top-Unternehmen im Bereich Werkzeugmaschinenbau sind die Trumpf GmbH mit 2,1 Milliarden Euro Umsatz und rund 8 000 Mitarbeitern sowie die Gildemeister AG mit 1,38 Milliarden Euro Umsatz und 5 400 Beschäftigten. (19), (20), (21), (22)

Export: Das Erholungstempo zieht an

2009 mussten die Unternehmen beim Export einen Einschnitt um 24 Prozent verkraften. Die starke Exportabhängigkeit der Branche zeigte in jenem Jahr ihre Schattenseiten. Von diesen Einbrüchen haben sich die Maschinenhersteller auch jetzt noch nicht ganz erholt. So legte der Export 2010 zwar um satte 11,5 Prozent auf 125 Milliarden Euro zu, was aber noch nicht ausreicht, um die alten Marken zu erreichen. 2009 lag der Export bei 110,9 Milliarden Euro. Die Exportquote, die in den Boomjahren bei rund 80 Prozent lag, stieg von 73,6 Prozent 2009 auf 74,8 Prozent im Jahr 2010. Die größten Exporteure unter den Teilbranchen des Maschinenbaus waren 2010 die Antriebstechnik, Fördertechnik, Bau- und Baustoffmaschinen, Allgemeine Lufttechnik und Armaturen. (5), (9), [Abb. 2]

Seit zwei Jahren ist **China** der wichtigste Exportmarkt

des deutschen Maschinenbaus, und der Abstand zu den übrigen Abnehmern nimmt immer mehr zu. 2010 gingen rund 12,1 Prozent der Ausfuhren ins Reich der Mitte. Im Vergleich mit 2009 konnte damit ein Exportplus von 34,7 Prozent im Handel mit China erzielt werden. Zwischen Januar und November 2010 kletterten die Erlöse um fast ein Drittel auf 13,7 Milliarden Euro, nach 10,3 Milliarden Euro im Vorjahr. (10)

Ein kräftiges Plus konnten die Exporteure auch im Handel mit den in den letzten Jahren schwächelnden **USA** verzeichnen. Gleich um 18,7 Prozent konnten die deutschen Hersteller die Ausfuhren in die USA steigern. Im Vergleich mit den Wachstumszahlen im Export nach China zeigt sich damit dennoch, dass der frühere Hauptabnehmer deutscher Maschinen diese Stellung wohl dauerhaft an den asiatischen Konkurrenten abgegeben hat. Den 13,6 Milliarden Euro, die die deutschen Hersteller in China verdienten, stehen neun Milliarden Euro im Handel mit den USA gegenüber. Damit gingen acht Prozent der Exporte über den großen Teich. (8)

6,3 Prozent der Ausfuhren gingen an die Nummer drei der wichtigsten Abnehmerländer, nach **Frankreich**. Gegenüber dem Vorjahreszeitraum bedeutet dies ein Plus um 5,9 Prozent. Das viertplatzierte **Russland** holte auch gegenüber Frankreich mächtig auf, denn die Exporte stiegen hier um gleich 21 Prozent. Damit hat Russland, das erst 2009 Großbritannien überholt, nun auch Italien bei den Importen aus Deutschland hinter sich gelassen. Erlöst wurden in Frankreich 7,1 Milliarden Euro, in Russland waren es 5,1 Milliarden Euro. Nachgefragt werden in Frankreich insbesondere deutsche Landtechnik, Antriebstechnik und Baustoffmaschinen. (6)

Keine große Rolle für die Maschinenexporte spielt das derzeit krisengeschüttelte **Japan**. Das Land gehört nicht zu den 20 wichtigsten Abnehmerländern für deutsche Maschinen. Produktionsausfälle oder -behinderungen beispielsweise durch ausbleibende Zulieferungen aus Japan sind laut VDMA derzeit nicht zu verzeichnen. Allerdings schließt der Verband nicht aus, dass es in den nächsten Wochen zu Engpässen kommen könnte. (7)

Binnennachfrage erfreut die Nachbarländer

Auch die nach Deutschland exportierenden Hersteller profitieren derzeit von der hierzulande sehr guten Konjunktur. So stiegen die Importe 2010 um 7,5 Prozent auf 45,9 Milliarden Euro. Damit ist Deutschland weiterhin das größte Maschinen-Abnehmerland in Europa. Fast sechzig Prozent der Maschinenimporte kamen im vergangenen Jahr aus den EU-27-Ländern. Die meisten Maschinen schicken italienische Hersteller nach Deutschland, doch legt Asien auch hier immer mehr zu. So stiegen die Importe aus Asien 2010 um 33,7 Prozent auf acht Milliarden Euro. Ähnlich stark stiegen die Importe aus den USA, nämlich um 28,5 Prozent im Vergleich zum Vorjahr. (1), (2)

Ausgewählte Sparten des Maschinenbaus: Antriebs- und Fluidtechnik

Das größte Zuliefersegment innerhalb des Maschinenbaus bildet die Antriebs- und Fluidtechnik. Die Hersteller von Pneumatik und Hydraulik haben 2009 einen herben Einbruch hinnehmen müssen, befinden sich nun aber auf rasantem Erholungskurs. 2010 legte die Fluidtechnik um 33 Prozent zu, 15 Prozent waren es bei der Antriebstechnik. Insgesamt setzten die Hersteller damit 19,6 Milliarden Euro um. Eindrucksvoll positionieren sich die Hersteller auch beim Export in vielversprechende Schwellenländer. Sowohl in China als auch in Russland und Indien liegen sie seit zwei Jahren auf Platz 1 der wichtigsten Lieferländer. Lediglich in Brasilien rangieren die deutschen Anbieter hinter den USA auf Rang 2. (11)

Werkzeugmaschinenbau: Langsame Rückkehr zu alter Stärke

Wenn die Prognosen des VDMA eintreffen, werden die Werkzeugmaschinenhersteller 2011 dicht an die alten Rekordmarken zurückkehren. Um fast dreißig Prozent wollen die Unternehmen in diesem Jahr wachsen. Den Turn-over hatte die Teilbranche bereits im August 2010 erreicht, als die Umsätze erstmals seit zwei Jahren wieder ins Plus drehten. Beim Export, der Paradedisziplin der deutschen Werkzeugmaschinenindustrie, hinkte die Branche 2010 allerdings noch deutlich hinter alten Marken her. Mit einem Minus von einem Prozent lagen die Ausfuhren sogar noch unter den Zahlen des Krisenjahres 2009. (12)

Großanlagenbau: Neustart mit Verzögerungen

Mit kleinen Schritten kommt auch der Großanlagenbau aus der Krise. Die im VDMA zusammengeschlossenen Unternehmen verzeichneten 2010 ein Auftragsplus, das aber um nur ein Prozent über dem Wert des Vorjahres lag. Damit verfügte der

Großanlagenbau über einen Auftragsbestand in Höhe von 22,4 Milliarden Euro, nach 22,1 Milliarden Euro im Vorjahr. Die Branche ist dennoch optimistisch, dass die Nachfrage nun weiter anzieht. Auffällig ist die steigende Bedeutung der Schwellenländer für den deutschen Anlagenbau. Die sogenannten BRIC-Staaten Brasilien, Russland, Indien und China waren schon 2010 die wichtigsten Auslandsmärkte für die deutschen Anbieter. (13), (14)

Baumaschinen: Hohe Auslastung in den Unternehmen

Auch die Hersteller von Bau- und Baustoffmaschinen gehören zu den Anbietern, die sich bei der Überwindung der Krisenfolgen vergleichsweise schwer tun. Dennoch ist auch hier ein deutlicher Aufwärtstrend zu verzeichnen. Der Umsatz der Bau- und Baustoffmaschinenindustrie stieg 2010 um 13 Prozent auf 10,6 Milliarden Euro. Für das laufenden Jahr wird ein Plus um weitere zehn Prozent erwartet. Dass die Unternehmen gut zu tun haben, zeigt die Kapazitätsauslastung. Sie lag 2010 durchschnittlich bei achtzig Prozent und damit über dem Wert des gesamten Maschinenbaus. (15)

Solarenergie- und Windkraftunternehmen: Uneinheitliches Bild

Mit neu installierten 7 400 Megawatt hat die Solarbranche 2010 einen wahren Boom erlebt. Gegenüber 2009 bedeutet dies eine Verdoppelung des Zubaus. Die am Jahresanfang prognostizierten 9 500 Megawatt wurden damit jedoch nicht erreicht, dennoch ist das Tempo beim Ausbau dieser erneuerbaren Energie sehr hoch. (16)

Der deutsche Markt für Windkraftunternehmen hat die Folgen der Finanzkrise hingegen noch nicht bewältigt und befindet sich derzeit auf dem Niveau von 1999. Dennoch wurden 2010 die Umsätze des Vorjahres in Teilen übertroffen, wie etwa beim Austausch alter gegen moderne Anlagen. Auch bei der installierten Leistung auf hoher See, den sogenannten Offshore-Windrädern, konnte die Branche zulegen. Beim Export bereitet der US-Markt die größten Sorgen. Hier hat sich die installierte Leistung 2010 infolge unklarer Förderbestimmungen halbiert. Für 2011 erwarten die Windkraftunternehmen ein Plus von zehn Prozent. (17)

Stahl- und metallverarbeitende Industrie

Auch die Stahlindustrie profitiert vom wirtschaftlichen Aufschwung in Deutschland. Der Erholungskurs setzte bereits im letzten Jahr ein und wird sich Experten zufolge 2011 mit noch höherem Tempo fortsetzen. Im vierten Quartal 2010 legten die Bestellungen um 14 Prozent zu. Für das laufende Geschäftsjahr ist eine Erhöhung der Rohstahlproduktion um vier Prozent auf dann 45,5 Millionen Tonnen prognostiziert. Ende des vergangenen Jahres waren die Stahlexperten noch von einem Wachstum von knapp zwei Prozent auf nur 44,5 Millionen Tonnen ausgegangen. Vom alten Spitzenniveau, das bei 48 Millionen Tonnen Rohstahl lag, sind die Stahlkocher damit gar nicht mehr weit entfernt. Trotzdem rechnet die Branche damit, dass es noch Jahre dauern wird, bis die Marken der Boomjahre erneut gerissen werden können. Sorgen bereiten der Branche die hohen Rohstoffpreise. Seit Einführung der Quartalsverträge 2010 sind die Preise für Erz um 150 Prozent und die Preise für Kokskohle um 75 Prozent gestiegen. [18]

Trends

Ausblick 2011: Produktionswachstum legt weiter zu

Nachdem im vergangenen Jahr ein Produktionswachstum um 8,8 Prozent erzielt wurde, stecken sich die Maschinenhersteller jetzt noch ehrgeizigere Ziele. Für 2011 ist der Branchenverband VDMA bisher von einem Wachstum um weitere zehn Prozent ausgegangen, hat seine Erwartung kürzlich aber nach oben korrigiert. Derzeit gehen die Branchenexperten davon aus, dass die Produktion in diesem Jahr um 14 Prozent ansteigen wird. (2)

Zahlen & Fakten

Abbildung 1:

Beispiellose Aufholjagd

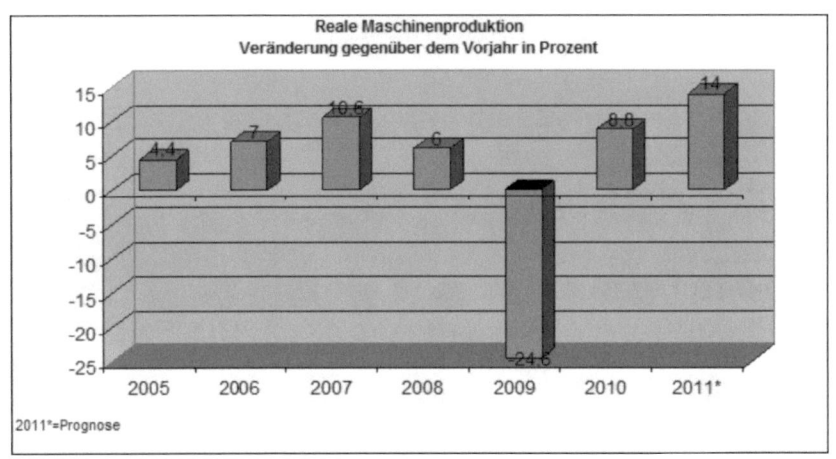

Quelle: Statistisches Bundesamt / VDMA / Eigene Recherchen

Entnommen aus: www.vdma.org

Abbildung 2:

Export: China vergrößert den Abstand

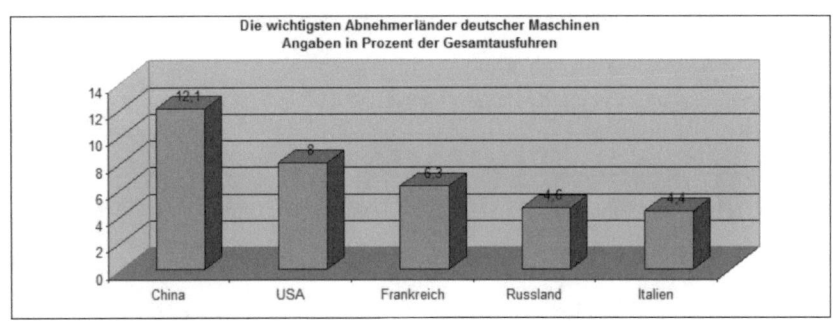

Quelle: Statistisches Bundesamt / VDMA / Eigene Recherchen

Entnommen aus: www.vdma.org

Weiterführende Literatur

(1) Deutscher Maschinenbau dynamisch
aus Finanz und Wirtschaft vom 12.02.2011, Seite 31

(2) MASCHINENBAU Erholung in Sicht
aus QZ Qualität und Zuverlässigkeit, Heft 05/2011, S. 8

(3) VDMA Ost Ostdeutscher Maschinen- und Anlagenbau lässt die Weltwirtschaftskrise hinter sich
aus MM Nr. 6 vom 07.02.2011

(4) VDMA Wachstum im deutschen Maschinenbau verlangsamt sich
aus www.elektronikpraxis.de vom 02.11.2010

(5) VDMA Stabilen Aufschwung auf der Hannover Messe verkündet
aus www.elektrotechnik.de vom 04.04.2011

(6) Maschinenbau VDMA erhöht Produktionsprognose für 2011
aus www.maschinenmarkt.de vom 04.04.2011

(7) In vielen Betrieben stehen (die Bänder still
aus MM Nr. 13 vom 28.03.2011

(8) Der Auftragseingang entwickelt sich nach wie vor

sehr positiv VDMA: Aufschwung im Maschinenbau setzt sich 2011 fort
aus Markt & Technik, Heft 10/2011, S. 24

(9) Trotz Eintrübung bestehen gute Aussichten auf neues Wachstum
aus MM Nr. 1/2 vom 10.01.2011

(10) Maschinenbau Analyse Der Wettbewerb verschärft sich - vorallem in China
aus www.elektrotechnik.de vom 31.03.2011

(11) Deutsche Antriebs- und Fluidtechnik bestätigt in Hannover ihren Erfolgskurs
aus VDI NR. 15-16 VOM 15.04.2011 SEITE 13

(12) Werkzeugmaschinenbau läuft wieder auf Hochtouren
aus VDI NR. 09 VOM 04.03.2011 SEITE 10

(13) Die Asiaten sind mit im Rennen Der deutsche Großanlagenbau sieht sich veränderten Marktbedingungen gegenüber
aus PROCESS Nr. 4 vom 28.04.2011

(14) VDMA Großanlagenbau BRIC-Staaten mit wachsender Bedeutung
aus cav chemie-anlagen + verfahren, Heft 4, 2011, S. 3

(15) Fachmesse für Erdbewegungs- und Baumaschinen Verona ist immer eine Reise wert
aus bpz baupraxiszeitung, Heft 2, 2011, S. 26

(16) Photovoltaik-Zubau 2010 geringer als erwartet
aus www.powernews.org Meldung vom 21.03.2011 -
15:43

(17) Deutsche Windkraftbranche bleibt 2010 hinter
den eigenen Erwartungen zurück
aus VDI NR. 04 VOM 28.01.2011 SEITE 8

(18) Glänzende Stahlkonjunktur Auftragseingänge bei
den Stahlkochern werden in den kommenden
Monaten weiter kräftig zulegen Auftragseingänge bei
den Stahlkochern werden in den kommenden
Monaten weiter kräftig zulegen
aus MM MaschinenMarkt Nr. 734 vom 06.04.2011
Seite 011

(19) Thyssenkrupp Guido Kerkhoff Kulturrevolution
geplant
aus WirtschaftsWoche NR. 008 VOM 21.02.2011 SEITE
009

(20) Wahlkampf im Zeichen des Atoms
aus Frankfurter Allgemeine Sonntagszeitung,
20.03.2011, Nr. 11, S. 36

(21) Gea verbucht kräftiges Auftragsplus
aus Frankfurter Allgemeine Zeitung, 11.03.2011, Nr. 59,
S. 18

(22) Gildemeister hakt die Krise ab
aus Frankfurter Allgemeine Zeitung, 10.02.2011, Nr. 34,
S. 14

Impressum

Branchenreport MASCHINEN- UND ANLAGENBAU Ausgabe 1/2011

Bibliografische Information der deutschen Nationalbibliothek

Die Deutsche Nationalbibliothek verzeichnet diese Publikation in der deutschen Nationalbibliografie; detaillierte bibliografische Daten sind im Internet über http://dnb.d-nb.de abrufbar.

ISBN: 978-3-7379-1899-2

© 2015 GBI-Genios Deutsche Wirtschaftsdatenbank GmbH, Freischützstraße 96, 81927 München, www.genios.de

Alle Rechte vorbehalten. Dieses Werk ist einschließlich aller seiner Teile – z.B. Texte, Tabellen und Grafiken - urheberrechtlich geschützt. Jede Verwertung außerhalb der Grenzen des Urheberrechtsgesetzes bedarf der vorherigen Zustimmung des Verlags. Dies gilt insbesondere auch für auszugsweise Nachdrucke, fotomechanische

Vervielfältigungen (Fotokopie/Mikroskopie), Übersetzungen, Auswertungen durch Datenbanken oder ähnliche Einrichtungen und die Einspeicherung und Verarbeitung in elektronischen Systemen.